Britta Goltz

Sternenfeuer

Impressum

ISBN 978-3-86467-971-1

http://spurenpresse.net

Inhalt

Vorwort

... und wenn es nur ein Wort ist, das Dich hiervon berührt,

so ist es doch ein Wort ... ein Wort wie ein Stern in der Nacht,

der Dir leuchtet, um Dir die Dunkelheit zu erleichtern.

Britta Goltz

Sternenfeuer

... ich habe nichts zu sagen

Nein ... ich habe nichts zu sagen ...

Alle "Großen" haben große Worte gesprochen.

Alle wichtigen Persönlichkeiten, Wichtiges von sich gegeben.

Staatsoberhäupter, Feldherren, Sicherheitsbetraute

traten mit ihren Reden nachhaltig an ...

Was hätte ich da noch zu sagen??!

Alle Berühmtheiten traten auf und hinterließen berühmte Worte.

Künstler, Gelehrte ...

sie erörterten Alles von den verschiedensten Standpunkten.

Ja, und selbst alle geistlichen Vertreter hier auf Erden

hinterließen ihre Lehren.

Was also, frage ich Dich, bliebe mir da noch zu sagen??!

Außer ...

... ich lebe...ich liebe...ich bin...

Lebe

Lebe im HIER und JETZT
kein Gestern ... kein Morgen!
Denn danach fragt nicht einmal der Wind.

Ein Schmetterling fliegt von einer bunten Blüte zur nächsten,
genießt seinen Nektar.
Er ist so luftig; flattert lustig durch die Luft
und das obgleich er nicht um seine Zukunft weiß.
Und auch die Vögel – sie fragen nicht nach,
ob gestern für sie ausgesät wurde,
damit sie heute etwas zu fressen haben.

Heute – Hier – Jetzt ... LEBEN
Nicht GESTERN, nicht das "früher war",
und nicht das Sorgen um MORGEN.
All das macht es unmöglich
sich zur Gänze fallen zu lassen ... in den Moment,
vollkommen zu vertrauen, dass für mich gesorgt ist ...
... hier – jetzt – und immerdar!

Und mein einziges Zutun hierfür, ist das absolute Vertrauen!
Zweifel, Ängste, Sorgen ...
sie sind die Gewitterwolken und Felssteine
im Paradies meines JETZT.

Phönix

So manches Mal,

muss man durchs Feuer gehen,

um frei zu werden ... um frei zu sein.

Das Feuer hat eine klärende und reinigende Aufgabe.

Wie ein Phönix kann man danach aus der Asche entsteigen.

Darum laufe nicht vor Dingen davon,

die in Dir Furcht erregen ... Dich ängstigen.

Auch solche Erfahrungen gehören zu Deinem Leben.

Erst dieser Prozess macht Dich zu dem

was Du dann werden sollst ...

es gehört zu Deinem Lebensweg!

So viel …

So viele Fragen … und keine Antworten.

So viel Wissen … und nichts davon in mir.

So viele Farben … und keine passt.

So viel Leben … und wann lebe ich?

Strudel

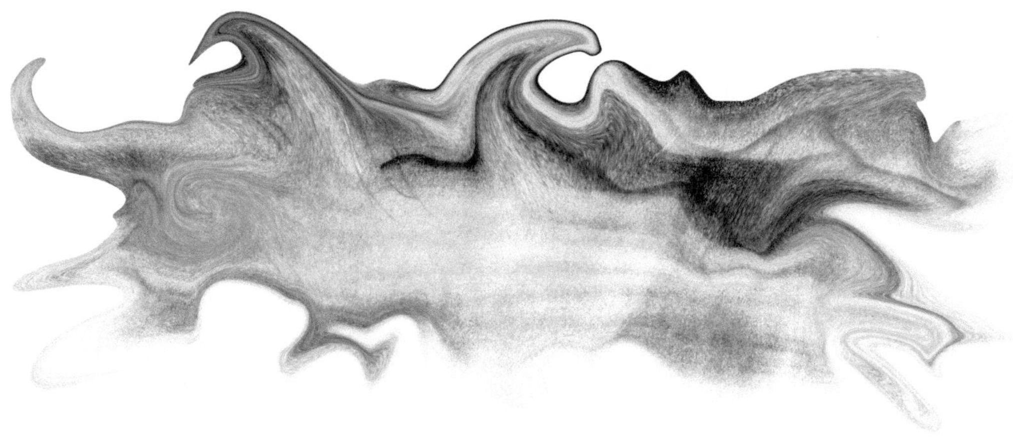

Ereignisse ... Geschehnisse ... Emotionen
Du kannst ihnen neutral begegnen.
Du bist ihnen nicht ausgeliefert!
Denn Du alleine entscheidest,
ob Du auf Deinem Hochsitz bleibst
und nur betrachtest
oder in den Studel springst
und Dich hineinziehen lässt.

Grenzen I

Lerne Deine Grenzen kennen,

lerne sie zu akzeptieren,

dann erweiterst Du Deinen Horizont.

Flügel

Traurigkeit und Schwermut legen Steine auf unsere Seelen
und damit auch auf unseren Weg.
Durch ein Lächeln ...
und wenn es nur ein liebevolles um Deiner und Dich selbst ist
... verleiht ihr Flügel.
Flügel … die Deine Seele in die Lüfte tragen…
zu Deinem Spielgefährten dem Wind und den Wolkenkindern
… hinein ins Sonnenlicht, der Heilerin Deiner Seele.

Wie hoch & breit ETWAS ist,

wie tief & weit ETWAS ist,

welsche Form ETWAS hat,

welche Farbe ETWAS hat,

Wie hoch & breit ETWAS ist,

wie tief & weit ETWAS ist,

welche Form ETWAS hat,

was ETWAS ist …

Standpunkt

Wie hoch & breit ETWAS ist,

wie tief & weit ETWAS ist,

welche Form ETWAS hat,

welche Farbe ETWAS hat,

was ETWAS ist …

liegt am Sichtwinkel des jeweiligen Betrachters

... und an seinem Willen diesen zu verändern.

Ich mich ....

Mich selber zu lieben
bedeutet nicht Selbstverliebt zu sein,
bedeutet nicht jeden Morgen vor dem Spiegel zu stehen
und übend zu sagen:
„Ich bin schön. Ich habe mich lieb!“
Nein!

Sich selbst zu lieben heißt
sich seines eigenen Wertes bewusst zu sein,
sich um seinen Körper UND
seinen Geist zu sorgen und zu kümmern.

Ich habe mich lieb!
So wie ich bin -
im Äußeren und Inneren.

Liebe ...

Wie weit geht ein Mensch, um Andere zu erniedrigen
und sich (selber dadurch) zu erhöhen?

Meine Gedanken gingen bevor ich dieses niederschrieb zu
Johanna von Orleans ... Was hat sie getan, um am Ende durch
ihre Mitmenschen so erniedrigt zu werden?

Was tun wir Tag für Tag, um uns zu erhöhen?
Passiert es nicht auch unwillentlich, mein Gegenüber zu erniedrigen,
um mich zu erhöhen? ... und sei es nur ein Wort, ein Gedanke –
ein Witz auf Kosten des Anderen, eine Bemerkung zu meinem Begleiter,
eine Anmerkung zu meinem Kollegen ...

[...] „...die Liebe eifert nicht, die Liebe treibt nicht Mutwillen,
sie blähet sich nicht auf, sie stellt sich nicht ungebärdig,
sie suchet nicht das Ihre, sie lässt sich nicht erbittern,
sie rechnet das Böse nicht zu, sie freut sich nicht
der Ungerechtigkeit, sie freut sich aber der Wahrheit,
sie verträgt alles, sie glaubet alles, sie hoffet alles, sie duldet alles.
Die Liebe höret nimmer auf! ...“ [...]

[...] „...Nun aber bleibt Glaube, Liebe, Hoffnung ...
diese Drei ... aber die Liebe ist die Größte unter ihnen.“ [...]
(1. Korinther Kapitel 13)

So tragen wir die Liebe immer in unseren Herzen,
dann brauchen wir uns nicht zu erhöhen
und wir brauchen keinen zu erniedrigen...

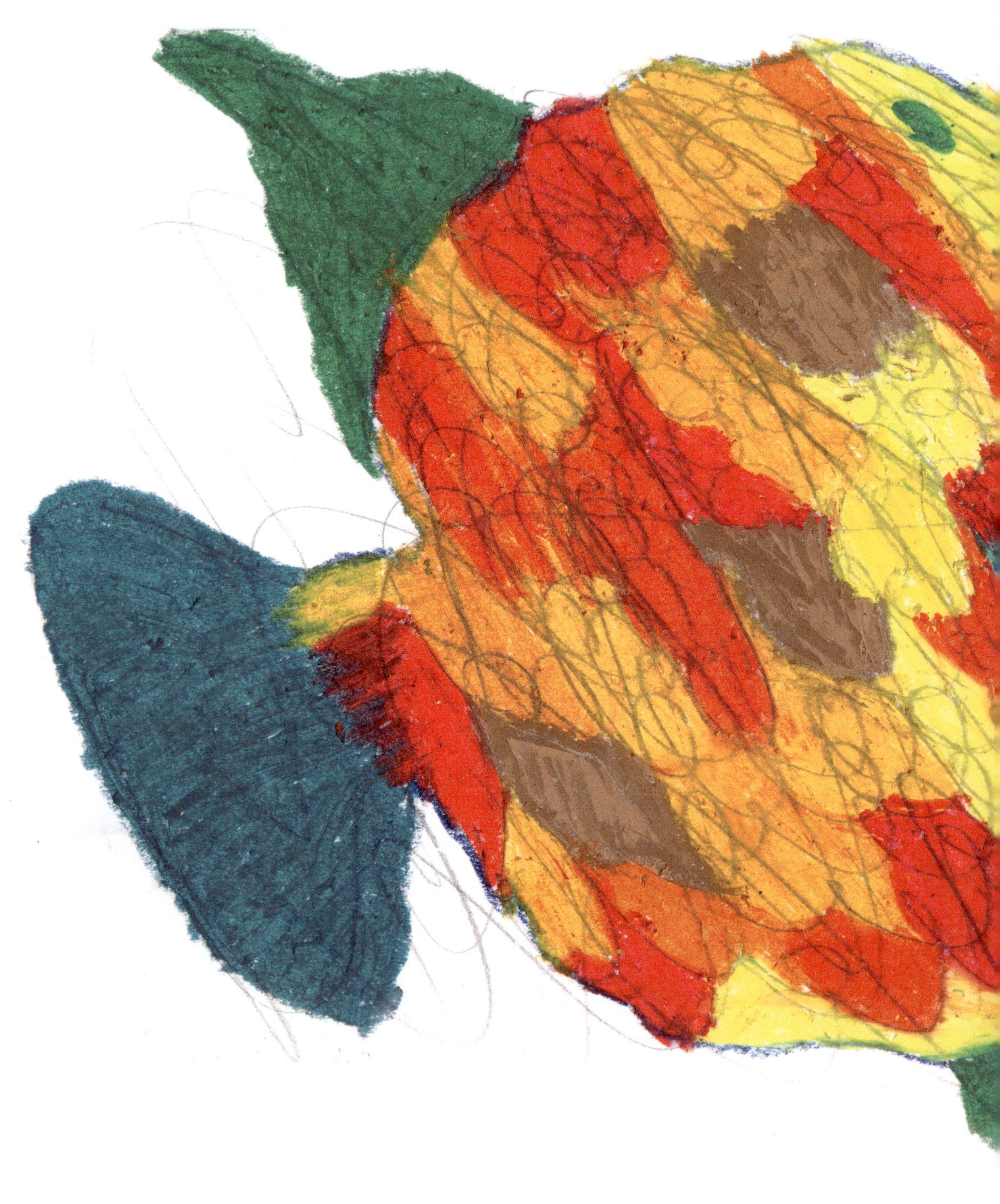

Anders

Das Verständnis um die Andersartigkeit des Anderen.

Die Akzeptanz um seine Einzigartikeit.

... und das Wissen, dass es gut ist,

das wir alle so verschieden sind,

... nur so können wir uns ergänzen!

DU

Du bist Du.

Du bist wertvoll.

Du bist um Deiner Selbst wertvoll.

Bist Du Dir dessen BEwusst ... Dir selber BEwusst?

Bist Du Dir bewusst,

dass keiner über, aber auch keiner unter Dir steht ...

in jedweder Form?

Bist Du Dir bewusst,

dass Du weder „mehr“ noch „weniger“ wert bist,

als irgendjemand im Universum?

Du bist Du.

Du bist einzigartig.

Sei Dir dessen BEwusst!

Beweis

Du brauchst Dir nichts zu beweisen,
denn DU bist Beweis genug
von Gottes Liebe!

Verzeihen

Anderen Fehler zu verzeihen
ist leichter,
als sich die Eigenen nachzusehen.

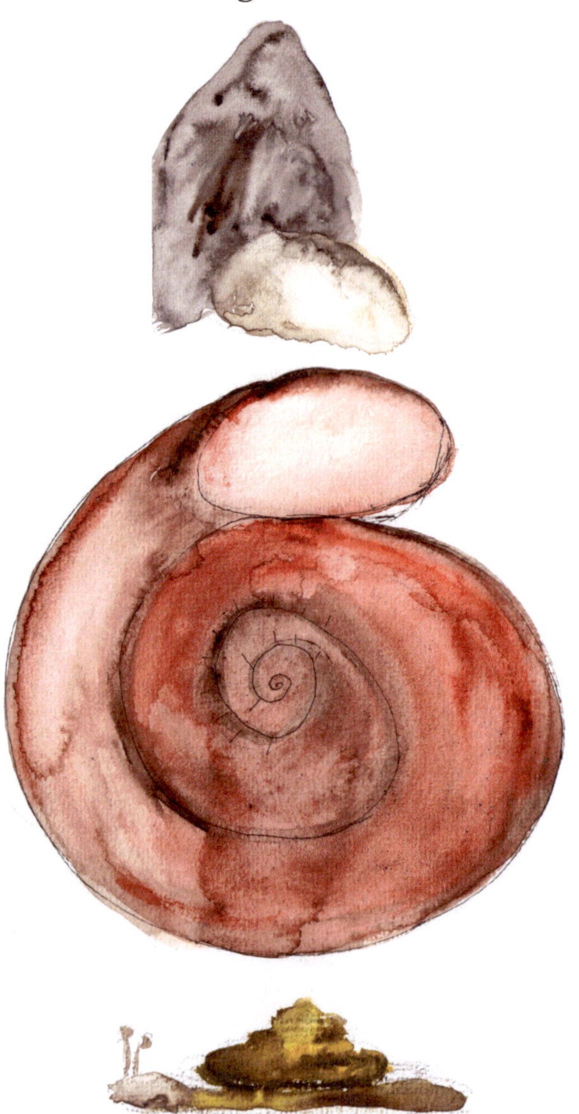

Tiefe Schichten

Tiefe Schichten ...
noch Offenes ...
noch nicht Verarbeitetes ...
tief in uns Schlummerndes,
was noch ausgesprochen werden möchte ...
~ all DAS ... und bei Jedem anders ... ~

Es ist nun an uns,
sich diesem tief Verschlossenen zu öffnen,
in vollem Vertrauen,
aufgefangen und behütet zu sein.
Es ist nun an uns, JA zu sagen ...
zu unserer Ganzheit,
denn auch diese tiefen
Schichten sind ein Teil unseres Ganzen.
Es ist nun an uns, sich zu lieben,
mit all unseren Licht- und Schattenseiten,
denn Gott Vater hat uns schon immer
in unserer Gänze geliebt!

Darum sei mutig ...
gehe in Liebe und Vertrauen in die Geistige Welt,
dass sie Dich umfängt.
Es ist nun an der Zeit!

Geister

Am längsten dauert es wohl,
bis wir bereit sind
den eigenen Geistern
ohne Furcht entgegenzutreten.

Stürme

Die Stürme unseres Lebens,
sie brechen mit voller Wucht
und oft völlig unerwartet
über uns herein.
Doch so lange wir
im Geiste biegsam bleiben,
können wir uns
dem Sturm anschmiegen …
Siehe … es ist wie in der Natur;
nur die jungen und
elastischen Bäume
halten den Stürmen entgegen.
Die Alten und Starren
zerbrechen daran.

Leben

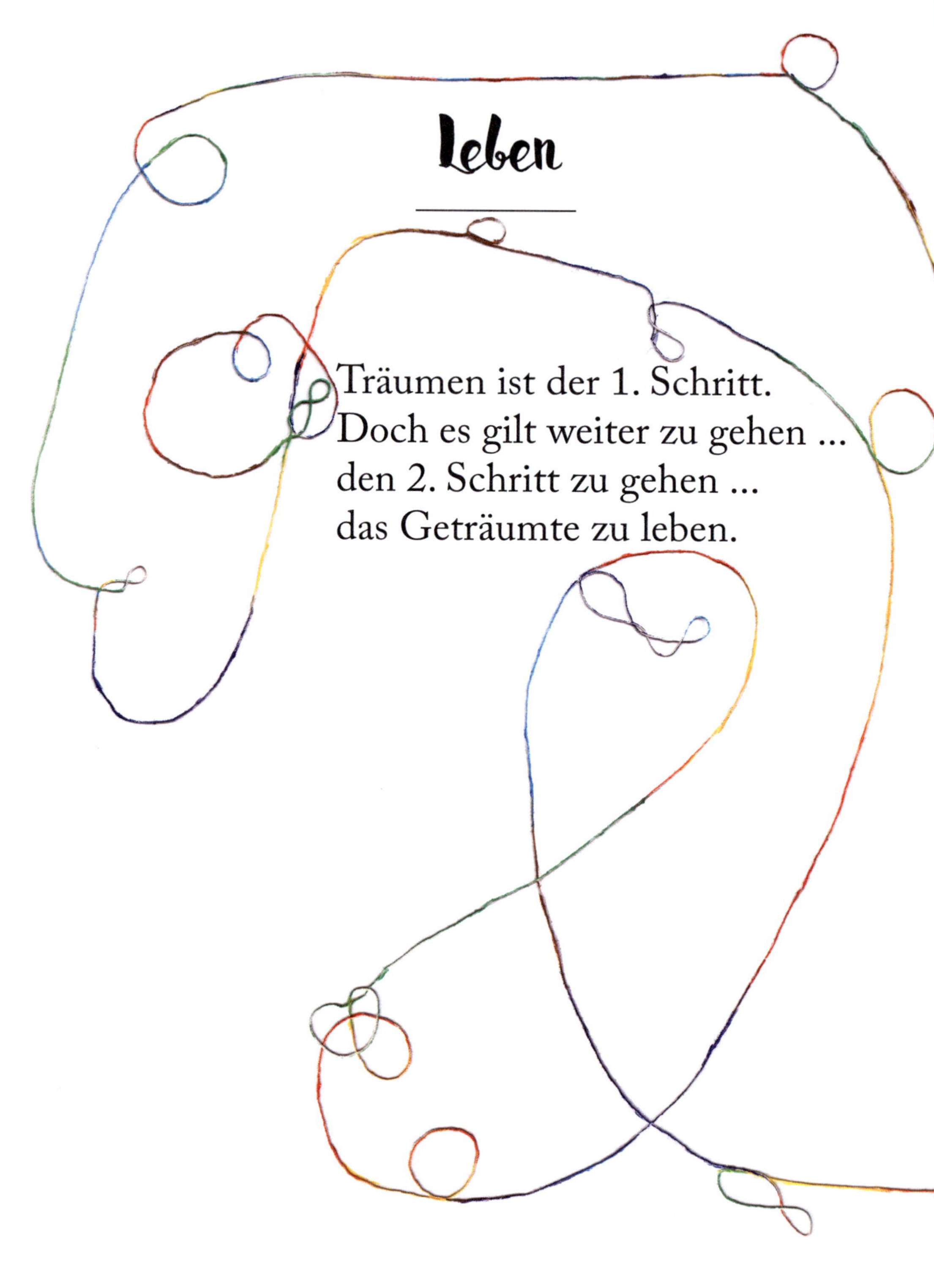

Träumen ist der 1. Schritt.
Doch es gilt weiter zu gehen ...
... den 2. Schritt zu gehen ...
das Geträumte zu leben.

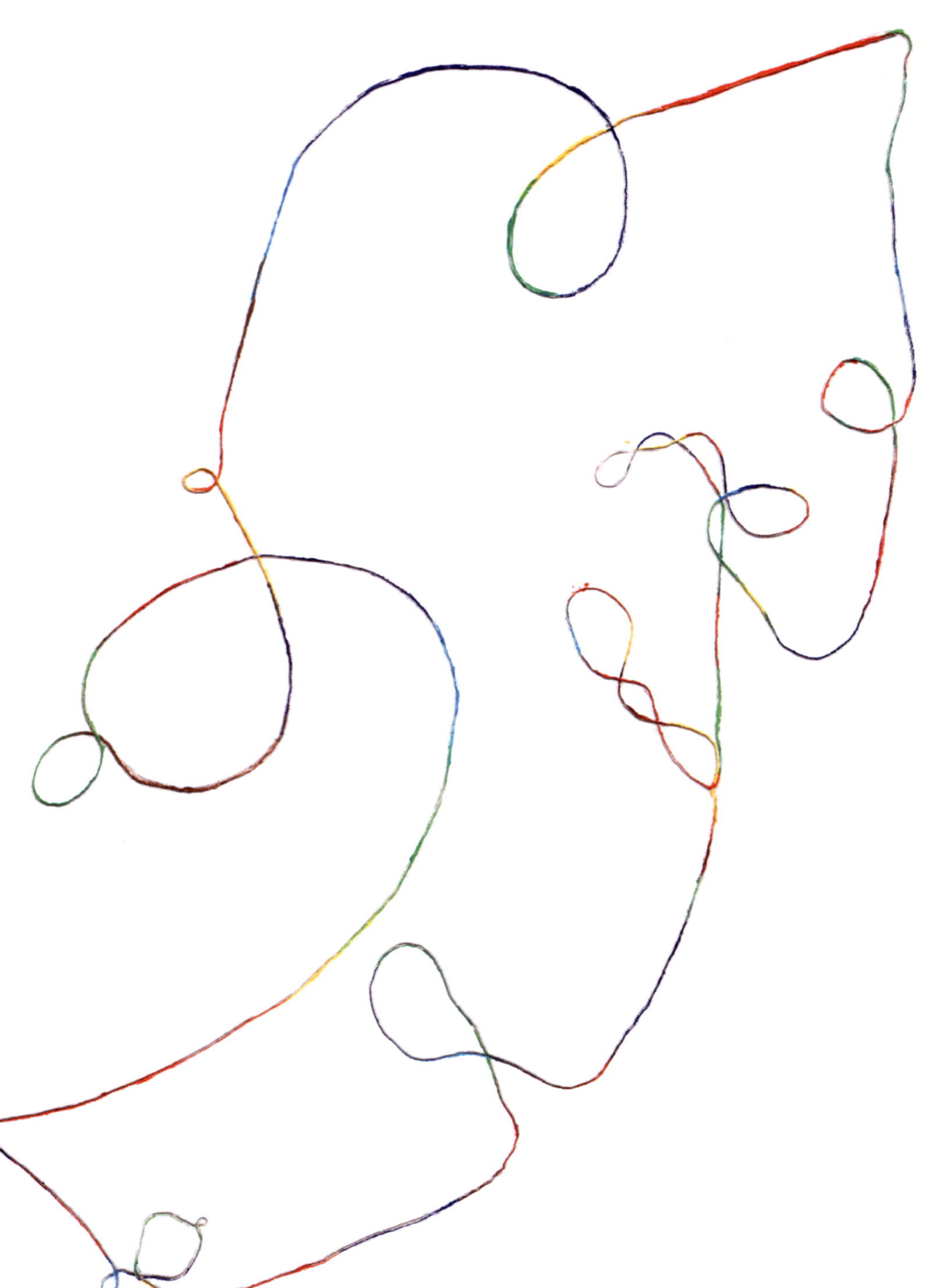

Neues

Es scheint wohl
in der Natur
des Menschen zu liegen
bei Neuem erst einmal
die Probleme zu sehen
und erst an zweiter Stelle
all die Möglichkeiten,
das Gute und Schöne,
was in ihm innewohnt.

Lebenssituationen abzuschließen,
die für mich belastend sind,
bedeutet nicht vor diesen davon zu laufen....
Es ist auch eine Art des Loslassens;
ich erlaube mir etwas loszulassen,
dass mir schadet.
Ich sorge für mich.
Ich tue dies, weil ich mich liebe.
Dein Herz hilft Dir bei dieser Entscheidung ...
nicht Dein Verstand ...
nicht Dein Ego.
Liebe Dich selbst, wie Du auch andere liebst!

Besitz

Dein Kind, Dein Partner, Deine Freunde ...
Sie sind nicht Dein Besitz ... nicht Dein Eigentum.
Sie sind eigenständig ... frei in ihrem Leben,
ihrem Denken, ihrem Handeln.
Wenn Du auch Wünsche an Sie hast,
so sind sie nicht verpflichtet diesen nachzukommen.
Das Loslassen hat viele Gesichter ...
... dieses ist eines davon.

...im Reinen

Sei mit Dir im Reinen.

Nimm Dich an wie Du bist.

Wenn Dir nach Ruhe ist ... ruhe!

Wenn Dir nach Tanzen ist ... tanze!

Wenn Dir nach Arbeit ist ... arbeite!

Alles hat seine Zeit – Deine Seele kennt sie.

Nehme es an ... genieße es!

Nehme Dich an ... in Deinem Ganzen!

Dann bist Du mit Dir im Reinen.

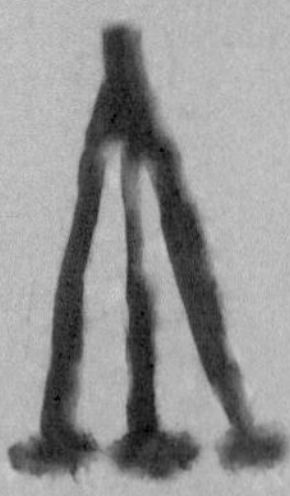

Aufgaben

Wenn ich etwas mit echter Freude im Herzen
erledigen möchte,
erreichte ich eine losgelöste Leichtigkeit darin
nicht durch willentliches Wollen.
Willentliches Wollen hat nichts mit
losgelöster Leichtigkeit gemein.
Losgelöste Leichtigkeit erlebe ich nur dann,
wenn ich etwas aus ganzem Herzen ...
ja, aus der Liebe heraus mache.
Nur dann bin ich bei mir –
nur dann bin ich
mit echter Freude bei meinem Tun.

Moment

Wenn ich den
Moment genieße
brauche ich die
Zukunft nicht
zu fürchten!

Moment (2)

Jeder Moment schreibt seine
eigene Geschichte.
Sie greifen wie die Teile eines
Puzzles ineinander;
das des vorhergegangenen Moments,
des Momentes JETZT und das des
kommenden Moments.

Probleme

Probleme in ihrem
eigentlichen Sinne,
gibt es nicht .... außer ...
wir lassen sie zu,
in dem wir
Althergebrachtes und
Überholtes nicht loslassen.
Jeder Moment ist in sich
neugeboren und erfindet
sich daher immer
wieder neu.
Wenn Du es schaffst offen
für alle Möglichkeiten
zu bleiben,
wird das Wort "Probleme"
zu einem Fremdwort.

Warum muss das JETZT sein?

„Warum muss DAS denn unbedingt JETZT sein...?!“,
fragte mich meine Mutter, wie ich sie eines Tages um Rat
bei der Beschaffung von finanziellen Mitteln bat.
„Um damit meinem Traum einen Schubs zu geben,
damit er Wirklichkeit werden kann...“, lautete meine Antwort.

„Warum muss DAS denn unbedingt JETZT sein...?!“
Weil ich HEUTE lebe?!
... nicht gestern ... nicht morgen ...
Weil ich JETZT diesen Traum habe, den ich LEBEN möchte.
... nicht gestern ... nicht morgen ...
Wenn ich immer nur im MORGEN lebe,
leben wir am Ende ein „gestern geträumtes“ Leben ...
und kein gelebtes Leben!
Dann würden meine Träume wie Seifenblasen aufgestiegen,
vorübergezogen und – womöglich – zerplatzt sein.
Eine Seifenblase schillert nur in dem einen Moment in der sie entsteht.

Und so kann ich auch nur einen Traum JETZT
und in diesem Moment leben.
Warum fragt ihr mich also noch:
„Warum muss DAS denn unbedingt JETZT sein...?!“
Ich kann und werde nur antworten:
„JA, es muss JETZT sein...!!! Denn ich lebe ja auch JETZT!“

ICH

(… in Gede/anken an die kleine Schwalbe Matze)

Wenn Du nicht lernst,

Dich auf Deinen eigenen Flügeln in die Lüfte zu erheben,

wird Dein individuelles ICH zu Grunde gehen.

Fehler

Fehler sind keine Fehler …
sie sind Landmarken …
Wegweiser … Richtschnüre.

Sie bringen uns auf ungeahnte Wege …
Umwege … Irrwege … Sackgassen.

Schon manche große Entdeckung und
Erfindung gründete auf einem Irrtum.

Zeit

Alles hat seine Zeit.
Das was war.
Das was ist.
Das was kommt.
Das was geht.

Tauche ein...

Tauche ein in den Moment.
Tauche in das Jetzt.
Tauche ein in das was Du gerade tust.
... nicht denken
... nicht sehen
... nicht hören
... nicht fühlen
DER MOMENT SEIN
dann können Wunder geschehen!

Worte

Wir täten gut daran,
die uns während unseres Heranwachsens gelernten
und überlieferten Ansichten,
Sprüche und Weisheiten zu hinterfragen.
Stimmen sie noch?
Stimmen sie überhaupt?
Denn sie sind wie Glasscherben
in unserem Getriebe des Lebens ... unseres Alltags;
sie verzerren ... sie zerschneiden ... sie tun weh.
Und als Worte unbedacht ausgesprochen,
sind sie oft schärfer als jedes Schwert.
Darum sei Dir über die Macht der Worte ...
Deiner Worte bewusst.

Schaue bitte genau hin bevor sie Dich verlassen.

Wirken

Kein Mitleid – sondern Güte und Liebe
Keine Aufopferung – sondern Achtsamkeit und „da sein“
Keine Anklage – sondern Respekt und Weisheit...
Mit Güte, Liebe, Respekt, Achtsamkeit
und der Weisheit des Herzens
kann Gott Vater durch uns wirken.

Tun

Manches Mal tut man das WAS
man tut ohne zu wissen um das WIESO und WARUM.
Dann jedoch sollte es aus dem Herzen
und aus der Liebe heraus geboren sein.

Veränderung

Eine Änderung ist immer dann schwer,
wenn Du sie nicht offenen Herzens begrüßt.
Dann nämlich, hält der Zerberus
namens Angst Wache vor dem Schloss,
dass das Tor Deines Herzens öffnet.

Angst

Angst ist wie ein Sumpf.
Trittst Du in sein morastiges Loch,
beginnst Du zu versinken,
. . . tiefer und tiefer . . .
Freude, Lachen, Sorglosigkeit . . .
sie verleihen Dir Flügel
und lassen Dich über den Sumpf der Angst
und des Kummers hinweg segeln.
Du kannst aus der Vogelperspektive
darauf hinabblicken.
Je weiter Du Dich in die Lüfte
der Gelassenheit erhebst,
umso kleiner und geringer
wird der Sumpf der Angst.

Leid

Leid hat viele Gesichter ...
Krankheit, Geld, Gefühle ... um nur ein paar aufzuzählen.
Gewiss ist es leicht zu sagen:
„Halte Dich fern mit Deinen Gedanken." ...
Gewiss ist es leicht zu sagen:
„Gehe darauf nicht mit Deinen Gefühlen ein!" ...
ABER lässt Du Dich darauf ein,
... lässt Du das Leid bei Dir ein ...
... es noch weiter in Dein Leben dringen ... weiter und weiter
... es Besitz ergreifen an und von allem
... Dir die Freude nehmen und im schlimmsten Falle das Leben...
Willst Du das? Es ist Deine Entscheidung!
Entscheidest Du Dich bewusst dagegen,
so entscheidest Du Dich bewusst für das Leben,
... für DEIN Leben ... in Freude und Fülle.
Glaubst Du denn Gott Vater will das seine Geschöpfe leiden?
Ich GLAUBE das nicht, ... ich glaube er schenkt uns
ein Leben in Fülle.
Doch es liegt an uns dieses Geschenk auch anzunehmen,
denn er gab uns die Freiheit zu wählen,
... zu entscheiden ob unseres Weges hier auf Erden!

Träumen

Oft bewundern wir
DIESEN,
JENEN,
WELCHEN ...

„Was hat DIE alles erreicht?!“ ...
„Was hat DER alles erlebt?!“ ...
„Wie reich DIE doch sind?!“

So reden und träumen wir dahin.
Doch Achtung!
So verträumen wir unser Leben!
Träumen uns in ein Leben welches nicht unseres ist.
Trauen uns nicht unsere eigenen Träume zu leben ...
Trauen uns nicht uns zu ändern ... mutig zu sein,
angestammte Pfade und Gewohnheiten loszulassen.
Jedoch ...
will ich in meinem Leben etwas Anders haben,
so birgt es das Wort „Änderung“ schon in sich!
Achtung!
Neue Wege sind nicht immer bequem.
Loslassen kann weh tun.
Gewohntes ändern heißt aufmerksam und wachsam mit sich zu sein.
Aber
...es kann umso mehr Dein Leben bereichern.
Dir Neues schenken ...
neue Begegnungen, Aufgaben, Herausforderungen.
Es kann Freude, Spaß und Erfüllung in sich tragen.
ENTSCHEIDEst Du Dich für diesen Schritt,
dann träumst Du nicht mehr das Leben anderer,
sondern lebst das Deinige!

Freiheit

Meine Freiheit kann ich nur in mir selber finden ...

nicht durch Reisen in ferne Länder,

nicht durch und in Aktivitäten jeglicher Art.

Heute! Hier! Jetzt!

Lebe im HIER und JETZT
... oft gehört ... doch wie gelebt?!
Diese Frage stelle ich mir persönlich jedes Mal wieder,
wenn ich diese Worte höre oder lese.
Denn dieser Satz ist wie ein Chamäleon
und birgt so viele Nuancen in sich.
Lebe im HEUTE! HIER! JETZT!
... und nicht im Gestern.
Egal ob mit Deinen Gedanken, Erfahrungen, Erlebnissen.

Nicht mit dem Satz „Weißt Du noch wie damals...?“
oder dem „...derjenige war früher schon so … .“ NEIN!
HEUTE! HIER! JETZT!
... nicht im Morgen "… wenn ich mal in Rente gehe, dann...“.
Nicht "später". Nicht "irgendwann".
HEUTE! HIER! JETZT!
Kein "gestern". Kein "morgen"
HEUTE! HIER! JETZT!
Es ist auch ein sich vertrauensvolles öffnen meines Seins zu Gott Vater,
sich ihm voll anzuvertrauen,
in und mit meinem gänzlichen JETZT-SEINS.
Ohne den Blick auf „das Gestern“ .. ohne den Blick auf „das Morgen“.
Einzig und allein das Heute-Hier-Jetzt LEBEN.

Wer ich bin

Wenn wir danach streben
WAS oder WER wir nicht sind,
sollten wir uns über
unsere Schwermut,
unsere Ausgelaugtheit,
unsere mangelnde Motivation
nicht wundern.

Wir nehmen da eine Last auf uns
und tragen sie wie Eisenketten
an Händen, Füßen und Hals.
Lege DAS ab WAS Du nicht bist.
Lege DAS ab WER Du nicht bist.
Und Du wirst sehen
Deine Schritte werden leichter
... ja am Ende könntest Du sogar fliegen.

Können

Ja wir können es ...
... unsere Träume leben ...
... unser Leben selbst gestalten ...
... uns zu leben ...

NUR ...
wir erlauben es uns nicht!

Weil wir noch nicht wahrhaftig unsere Talente annehmen ...
noch nicht auf unsere Fähigkeiten vertrauen ...
.... an uns zweifeln.

Nicht wahrhaftig überzeugt sind, an dieses einmalige Geschenk
unseres Großen Vaters zu glauben
... unsere von ihm geschenkte Meisterschaft anzunehmen.

Grenzen (2)

**Alles ist möglich.
Du alleine ziehst Deine Grenzen!**

Promi

Hast Du auch schon mal davon geträumt ein Promi zu sein?
Ein Teil der Glitzerwelt? ...
Auf den Brettern, die die Welt bedeuten zu stehen?
Einen Bestseller zu verfassen?
DEN Song zu schreiben und zu singen?
Oder gar der Chef eines großen Konzerns zu sein?
Hast Du die Glanzfotos der Awards, der Film- und Musikbranche,
der Berlinale oder eines der großen IT-Partys betrachtet?

Und sehnsüchtig bei Dir gedacht:
„Ich möchte auch einmal dort stehen!"

Denke mal für einen Moment über das Wort „Promi" nach ...
es kommt von "prominent" ... oder?
Also nichts Anderes als wie „präsent" sein.
Präsent sind wir aber doch Alle ... jeder von uns ... Na also!

Dann überlege weiter ...
Machst Du etwas,
was Dir von und aus ganzem Herzen Freude bereitet ...
dass Dir Spaß macht? Wenn NEIN dann ändere etwas ... JETZT!
Wenn JA dann bist Du bereits ein Promi.
Dann SEI ein Promi! Lebe dieses was Du machst ...
egal ob Du backst oder mit Kindern spielst.
Ob Du pflegst oder am Schreibtisch sitzt ...
Wenn es Dir ehrlich und aus der tiefe DEINES Herzens Freude macht,
dann bist auch Du ein Promi ...
prominent in Deinem Tun ... in Deinem Sein!

It's my way

Lebensweg

Dein Lebensweg -
ja es ist eine Einbahnstraße ... doch sie trägt Deinen Namen.
Du allein bist für sie verantwortlich.
Du allein kannst sie gestalten ... nutze diese Chance.
Auch das diese Straße nur Deinen Namen trägt bedeutet,
dass nur Du sie nutzt;
denn jeder von uns hat seine ureigene Straße,
die unseren Namen trägt.
Weißt Du was das für Dich bedeutet?
Du brauchst nicht zu befürchten überholt zu werden.
Auch brauchst Du keinem hinterher zu hetzen.
Deine Straße, Deine Gestaltung, Dein Tempo.

Die Liebe in mir

Die Liebe zu mir Selbst,

spiegelt sich um mich herum ...
und in meinem Umfeld wieder.

Sie ist ein Spiegel von mir ...
und nicht umgekehrt!

Sie ist wie ein Bild in einem Teich,
so wie die Oberfläche des Sees
sich zu kräuseln beginnt,
wenn der Wind an Stärke zunimmt
und mein Bild in ihm
bis zur Unkenntlichkeit verschwimmt.

So schwächen Selbstzorn,
Eigen-Wut und mangelnder Selbstwert
meine Liebe zu mir und zu meiner Seele!

Nur die Liebe, die ich mir selber schenke,
ist die wahre Liebe, nach der ich für mich suche.

In dieser Liebe ruhend,
sende ich die Liebe hinaus in die Welt.
Nur so kann ich wahre Liebe weitergeben.

SPURENPRESSE

1. Band von Britta Goltz

Himmelsblicke – Inspirationen & Bilder

Ein Vers- und Kunstband von Britta Goltz.

“Halte inne. Schaue! Siehst Du die Sonnenflecken?
Da! Vor Dir, auf dem Stein!
Siehst Du, wie sich der Schmetterling dort in den
Lüften wiegt? Halte inne. Lausche!”